Rolf und Christian Groh

MANNHEIM

Fotografien von gestern und heute

Wartberg Verlag

In unserer Reihe „Bilder aus Mannheim“ sind bisher erschienen:
(1) Mannheim – Ein verlorenes Stadtbild
(2) Alt-Mannheim – Auf den ersten Blick
(3) Mannheim – Farbbildband
(4) Mannheim – Auf den ersten Blick
(5) Mannheim – Fotografien von gestern und heute

Historische Ansichtskarten erhalten Sie im Original bei:
Versandhandel für alte Ansichtskarten
Walter Dienger
Rathausplatz 3
79576 Weil am Rhein
Telefon (07621) 78422, Fax (07621) 793173

Fotonachweis:
Historische Fotos: Wartberg Verlag außer Seite 8, 10, 12 o., 18 o., 21 o., 27 o., 52 li. Stadtarchiv Mannheim
Aktuelle Fotos: Rolf Groh

1. Auflage 2002

Satz und Layout: Typographische Dienste U. Weiss, Borken (Hessen)
Druck: Bernecker, Melsungen
Buchbinderische Verarbeitung: Buchbinderei Büge, Celle

34281 Gudensberg-Gleichen, Im Wiesental 1
Telefon (0 56 03) 9 30 50
www.wartberg-verlag.de
ISBN 3-8313-1158-7

Mannheim – an der Mündung des Neckars in den Rhein gelegen, zweitgrößte Stadt Baden-Württembergs und in Verbindung mit dem linksrheinischen Ludwigshafen Zentrum des fünftgrößten Ballungsraums der Bundesrepublik – ist bekannt als Industrie- und Handelsstadt, als Verkehrsknoten auf Schiene, Straße und vor allem für die Schifffahrt. Der ein oder andere mag auch über zahlreiche große überregionale Behörden, die in Mannheim ihren Sitz haben, Bescheid wissen. Gut Informierte kennen Mannheim mit seinem Nationaltheater, den Museen, Verlagen und Veranstaltungsorten auch als Kulturstadt.
Nur wenige aber reisen als Touristen eigens in die Stadt, vor allem ausländische Deutschlandurlauber bleiben im nahen Heidelberg hängen und passieren Mannheim allenfalls auf ihrer Weiterreise. Dennoch hat auch Mannheim seine eigenen Reize, die sich nicht auf den ersten Blick erschließen und die nicht von einer idyllischen Lage und einem pittoresken Stadtbild oder von geschichtsträchtigen Orten abhängen, sondern gerade von jenem Neben- und Miteinander aus Industrie, Handel, Verwaltung und Kultur. Das Urteil des Mannheimer Rechtsanwalts Joseph Gentil, in den 1920er Jahren angesehener Bürger der Stadt, gilt auch heute noch: „Mannheim war nie eine Stadt, die durch ihre Schönheit bezwang; aber es war gut in ihr sein.“
Gut leben ließ es sich in der „Quadratestadt“ über alle Zeiten und für Menschen unterschiedlicher Herkunft: Die ersten Privilegien der Stadt ließ der pfälzische Kurfürst Friedrich IV. im Jahr 1607 in vier Sprachen drucken (deutsch, lateinisch, französisch, niederländisch), um Zuwanderer aus Europa anzuziehen. Nach den Zerstörungen des Dreißigjährigen Krieges waren am Wiederaufbau der Stadt französische, wallonische und flämische Kolonisten maßgeblich beteiligt.
Seine erste Blüte erfuhr Mannheim als Residenzstadt 1720 bis 1778 unter den Kurfürsten Karl Philipp und Karl Theodor. Viele historische Gebäude, von denen einige die Innenstadt heute noch zieren, entstanden in dieser Zeit. Mit der Industrialisierung, die durch die Gründung zahlreicher Fabriken in den 1820er Jahren begann und die durch die Anlage der Häfen in der Folgezeit in Schwung kam, wurden wieder Menschen aus der näheren und weiteren Umgebung in die Stadt gelockt. Großstadt wurde Mannheim 1897 durch die Eingemeindung Käfertals. Bis zum Ersten Weltkrieg folgten Eingemeindungen weiterer umliegender Gemeinden. 1926 überschritt die Einwohnerzahl 250 000.
Aus der ehemaligen Residenzstadt war die moderne industrialisierte Großstadt geworden, die auch zu Beginn des 21. Jahrhunderts mit ihren 306 000 Einwohnern noch ähnliche Funktionen erfüllt wie zwischen den Weltkriegen. Das Stadtbild allerdings hat sich durch die Zerstörungen des Zweiten Weltkriegs gewandelt. Dennoch erkennt man die Stadt auf alten Ansichten wieder, schimmert auch heute noch beim Anblick mancher Plätze und Gebäude hier und dort die Vergangenheit durch. Die in diesem Band gegenübergestellten Fotografien aus der ersten Hälfte des 20. Jahrhunderts und von heute sollen dies zeigen. Die Auswahl der Objekte war nicht nur vom Bestand der alten Fotografien abhängig, sondern auch von der heutigen Situation am jeweiligen Ort. Nicht alle Gegenüberstellungen ließen sich bewerkstelligen. Dadurch erklärt sich das Fehlen einiger Standorte, die der ein oder andere Kenner der Stadt vermissen mag.
Insgesamt aber sollen Bilder und Texte den Mannheimern und den Besuchern der Stadt eine erste Orientierung in der Innenstadt nicht nur in der räumlichen, sondern auch der zeitlichen Dimension vermitteln.

Christian Groh

Wie sich die Bilder gleichen: Seit 1665 dient der zentral gelegene Platz, der schon während der Gründungszeit Mannheims angelegt wurde, Händlern zum Absatz ihrer Waren. Wenig praktisch und von daher schwer vorstellbar, dass ein Markt außerhalb der Stadtmitte angesiedelt wird. Und doch hat es Versuche gegeben.
Zwischenzeitlich hatte nämlich das Auto, das in Mannheim bei Carl Benz seine ersten „Fahrversuche" machte, Bewegung rund um den Marktplatz gebracht. Die Händler mussten an bestimmten Tagen parkenden Autos weichen. In den dreißiger und fünfziger Jahren des 20. Jahrhunderts versuchten die Stadtherren, den Marktplatz komplett zum Parkplatz umzufunktionieren. Die dafür notwendige Verlegung des Marktes in den benachbarten, aber weniger zentral gelegenen Stadtteil Neckarstadt scheiterte jedoch an kritischen Einwänden der Bevölkerung. 1978 verfielen die Stadtplaner auf die einfache Idee, unterirdisch Platz für Blechgefährten der seinerzeit noch in die Innenstadt reisenden Konsumenten zu schaffen. Seitdem befindet sich eine Tiefgarage unter dem Marktplatz. Und auch wenn die Stadtherren vieler Gemeinden heutzutage froh wären, mehr Kundschaft in die Innenstädte zu locken, und sich mit zahlreichen Maßnahmen des „City-Marketings" gegen die Konsumentenwanderung auf die „grüne Wiese" oder in „Outlet Centre" wehren: der Marktplatz ist in Mannheim, wie man im *aktuellen* Bild sieht, auch heute noch drei Mal die Woche gut besucht und wie seit langer Zeit ein beliebter Einkaufsort frischer Waren der Region.

Am Marktplatz wurde bald nach der Stadtgründung das erste Rathaus erbaut, das allerdings schon während des Dreißigjährigen Krieges zerstört wurde. 1700 wurde der Grundstein für ein neues Rathaus gelegt, fünf Jahre später konnten die ersten Ratssitzungen im hier abgebildeten Gebäude stattfinden. An das Gebäude war auch die Stadtwaage angegliedert. Handel spielte also von frühester Zeit an diesem zentral gelegenen Ort der Stadt eine Rolle.

„Altes Rathaus" wird das Bauwerk, seit die Stadtverwaltung zu Beginn des 20. Jahrhunderts mit ihren Dienststellen nach und nach in andere Gebäude, zunächst in das von der Kommune angemietete Kaufhaus am Paradeplatz, zog. Die Industrialisierung und das enorme Bevölkerungswachstum ließen auch den Verwaltungsapparat wachsen. In der Folge waren nur noch Teile der Stadtverwaltung hier untergebracht.

Die Pfarrkirche St. Sebastian, der rechte Gebäudeteil, wurde durch den zentralen Turm mit dem Rathaus verbunden und 1710 geweiht. Heute ist der Doppelbau von Rathaus und Pfarrkirche das älteste erhaltene Gebäude der Stadt. Im vom Marktplatz gesehen linken Flügel finden noch standesamtliche Trauungen statt, die Stadtverwaltung ist anderweitig untergebracht. Die Kirche beherbergt noch heute die katholische Gemeinde St. Sebastian, die sich den Zusatz „City"-Kirche gegeben hat.

Griesbacher

WAREN - GROSSHANDLUNG
M. RUSS
SCHUHMARKT
EICHBAUM-BIER
Fahrräder am Markt
GOLDENER ADLER
STORCHEN-DROGERIE
DROGERIE
CONDITOREI & CAFÉ

Die Häuserfront an der Nordseite des Marktplatzes, gegenüber dem Alten Rathaus, in alter und neuer Gestalt. Ähnlichkeit mit dem Vorkriegszustand zeigen noch die beiden Gebäude am linken Bildrand. Das Gebäude rechts an der Ecke zur Kurpfalzstraße (Breite Straße) hingegen wurde nach 1945 nur noch bis zur Hälfte der Originalhöhe aufgebaut. Auf historistische Fassadenverzierungen wie um 1900, als das Originalgebäude errichtet worden war, verzichtete man in der Wiederaufbauphase ebenso wie auf andere architektonische Besonderheiten, etwa den runden turmähnlichen Anbau.

Die Architektur des frühen 20. Jahrhunderts war schon in der Zeit der Weimarer Republik in die Kritik geraten, fortan zählten Sachlichkeit und Pragmatismus. Dies galt umso mehr in den Jahren des Wiederaufbaus, als in der zerstörten Stadt schnell wieder Wohnraum geschaffen werden musste. In Mannheim hatte man in der frühen Nachkriegszeit gar an eine Veränderung des geometrischen Grundrisses des Zentrums gedacht, der die Stadt als Quadratestadt berühmt gemacht hatte. So weit kam es nicht, doch wurde das Antlitz der Stadt dennoch verändert. So wurde im Hinblick auf eine verkehrsgerechte Stadt nicht nur die Bismarckstraße vor dem Schloss, sondern auch die Kurpfalzstraße verbreitert, wodurch erhaltene Reste von Altbauten an dieser Stelle komplett geopfert wurden.

OGERIE
am Markt
Restaurant
Lebensmittelhaus
EIER-DURLER

Ein Blick vom Marktplatz auf die Straßenfront G 2. Die unterschiedlich gestalteten Fassaden der Gebäude vom großbürgerlich geprägten Hochbau mit neugotischen Anleihen in der Bildmitte bis zum bescheideneren, nüchternen Zweckbau rechts waren Resultat des bürgerlichen Wohlstands im letzten Drittel des 19. Jahrhunderts. Wer es sich leisten konnte, nutzte die immer wieder neu erlassenen Bauordnungen und setzte noch ein Stockwerk auf seinen Bau, um die eigene Bedeutung auch zu symbolisieren.

Heute variieren nur noch die Höhen der Gebäude. Bewusst knüpften die Verantwortlichen der Stadt in der Nachkriegszeit an die Vergangenheit an. Der Baustil ist aber einheitlicher geworden. Durch das Fehlen eines herausragenden Bauwerks an dieser Seitenfront dominiert wieder das Alte Rathaus, das den Marktplatz an der südwestlichen Seite abschließt.

Das Denkmal mit Brunnen in der Mitte wurde der Stadt 1767 von Kurfürst Carl Theodor fast geschenkt – immerhin über 5500 Gulden musste die Stadt noch berappen und fünf Jahre bis zur Vollendung der Renovierung und der endgültigen Aufstellung warten. Den vier Elementen, die als Figuren den Brunnen zierten, wurde nämlich noch ein Wassergott hinzugefügt, der den Neckar symbolisieren sollte. Über dem ganzen Ensemble schwingt der Handelsgott Merkur die Sonne. Das Denkmal stellt eine Allegorie der Handelsstadt Mannheim dar.

Blick vom Marktplatz in die Kurpfalzstraße, die im Volksmund als „Breite Straße“ besser bekannt ist. Auf dem *alten Bild* ist im Hintergrund noch die Friedrichsbrücke zur Neckarstadt, dem mittlerweile größten Stadtteil, zu erkennen. Die Aufbauten über den Pfeilern der Brücke fielen beim Neubau nach 1945 weg, weshalb sich die Brücke auf dem Foto von 2002 nur noch erahnen lässt.

Wieder ist zu erkennen, dass rund um den Marktplatz und die Breite Straße entlang nach 1945 nüchterner und vor allem niedriger gebaut wurde.

Damals wie heute fahren durch die zur Fußgängerzone erklärte Kurpfalzstraße Straßenbahnen, die Mannheims Süden über die Innenstadt mit den nördlichen Stadtteilen verbinden. Um die Schienen anlegen zu können, aber auch aus hygienischen Gründen, musste 1901 der Pflastersteinbelag durch Asphalt ersetzt werden.

In entgegengesetzter Richtung setzt sich die Breite Straße bis zum Paradeplatz fort, von dem hier zwei Ansichten zu sehen sind, die ebenfalls Richtung Neckar zeigen. Der Paradeplatz liegt genau in der Mitte des durch Quadrate gekennzeichneten historischen Stadtkerns. Als 1606 die mit der anzulegenden Festung verbundene Bürgerstadt in einem gitterförmigen Straßennetz geplant wurde, resultierten daraus fast gleich große Baublöcke, die als Quadrate bezeichnet wurden und zum bis heute gültigen Innenstadtgrundriss führten.

In kurfürstlicher Zeit noch zu Repräsentationszwecken, eben für Paraden genutzt, muss die Zentralität des Paradeplatzes heute nicht mehr weiter unterstrichen werden. Die beiden Fußgängerzonen der Stadt berühren ihn, die Haltestelle „Paradeplatz" ist wichtige Umsteigestation der Straßenbahnen und die großzügige Anlage mit Brunnen dient als Treffpunkt.

Im Bildhintergrund ist auf dem *Foto oben* das Warenhaus Schmoller zu erkennen, Teil einer in der ersten Hälfte des 20. Jahrhunderts erfolgreichen Warenhauskette. Heute bietet an selber Stelle der Kaufhof-Konzern seine Waren an.

Bereits seit 1837 befand sich die Postverwaltung an dieser Adresse (O 2). Im weiteren Verlauf des 19. Jahrhunderts führten die Industrialisierung und die Expansion des Handels in Mannheim auch zu einem enorm steigenden Postverkehr, so dass 1880 bis 1882 ein Neubau errichtet wurde, der sich zu den Planken öffnete. Schon zwanzig Jahre später musste dieser wegen erneuten Raummangels ergänzt werden durch die hier gezeigte Front am Paradeplatz.
Das im Weltkrieg schwer getroffene Gebäude ließ sich nach 1945 nicht mehr wieder aufbauen und wich einem kompletten Neubau, der – aus Stahl und Beton errichtet – sich den Neubauten um den Paradeplatz anglich. Nach wie vor ist hier eine Postfiliale untergebracht, allerdings findet sich das Hauptverwaltungsgebäude der Bundespost in Mannheim mittlerweile nicht mehr in der Innenstadt.
Der Eingang wurde in den fünfziger Jahren verlegt und blickt seitdem auf den Paradeplatz. An der Seite zu den Planken befinden sich heute Ladengeschäfte.
Der Paradeplatz führte nach dem Zweiten Weltkrieg lange ein Schattendasein: Ursprünglich hatten hier Befestigungsanlagen gestanden, die 1732 eingeebnet wurden. In der Folgezeit stand die „Grupello-Pyramide" (siehe Seite gegenüber) im Mittelpunkt der Anlage. Nun wurde der Platz neu gestaltet und mit Bäumen und Beeten versehen. 1942 zerstörte der Bau eines Luftschutzbunkers die Gartenanlagen. Fortan prägte bis in die späten achtziger Jahre Asphalt die Oberfläche. Erst 1990 wurden die auf dem *aktuellen Foto rechts* erkennbaren Beete neu angelegt und bepflanzt, der gesamte Platz auch gartenplanerisch umgestaltet, wobei man durch die keilförmigen Beete Bezug auf das historische Vorbild aus dem 19. Jahrhundert nahm.

Auch auf der *aktuellen Ansicht* sieht man den Paradeplatz mit Postgebäude.
Am rechten Bildrand ist die „Grupello-Pyramide“ zu sehen. Das nach dem italienischen Hofbildhauer des Kurfürsten Johann Wilhelm von Pfalz-Neuburg benannte Denkmal wurde 1738 von Düsseldorf nach Mannheim gebracht, nachdem die Kurfürsten von der Pfalz 1720 ihre Residenz hierher verlegt hatten. Das Monument sollte die Tugenden des Auftraggebers darstellen. Die Brunnenschalen wurden dabei schon angelegt, konnten aber erst gut anderthalb Jahrhunderte später nach der verbesserten städtischen Wasserversorgung, auch gefüllt werden.
Lange Zeit stand der Brunnen recht verloren in der Mitte des von ödem Asphalt geprägten Paradeplatzes. Erst die Neugestaltung des Paradeplatzes 1990 gab dem restaurierten Denkmal wieder einen Rahmen, der vielleicht auch dem Kurfürsten in seinem Grab Genugtuung verschaffen würde.

Die Kreuzung Planken/Kurpfalzstraße. Die Planken durchkreuzen die Quadratstruktur der Innenstadt in ost-westlicher Richtung, die Kurpfalzstraße führt in Nord-Süd-Richtung vom Schloss, von dem im *aktuellen Foto* am äußersten linken Bildrand noch ein Teil zu erkennen ist, über den Paradeplatz und den Marktplatz bis zum Neckar.
Die Perspektive der Fotografen hier geht vom Kaufhaus Schmoller bzw. Kaufhof gegenüber des Paradeplatzes auf den ehemaligen Standort des ältesten Hotels der Stadt „Pfälzer Hof". Bereits 1750 öffnete das historische Gästehaus. Fast zwei Jahrhunderte, bis 1929, wurden hier Besucher der Stadt verwöhnt, ab 1901 allerdings nur in den oberen Stockwerken des im selben Jahr aufgestockten Bauwerks. Bereits damals zogen Läden in das Erdgeschoss.
Heute gehört das Gebäude zur Textilwarenkette C&A.

Beim Blick vom Paradeplatz in die Planken in westlicher Richtung fällt beim *alten Bild* noch die Verengung der Straße im Bildhintergrund auf. An zwei Stellen verengte sich die Straßenachse durch die Innenstadt. Aus verkehrstechnischen Gründen war eine Verbreiterung seit dem späten 19. Jahrhundert in der Diskussion. Wirtschaftliche Notlagen im und nach dem Ersten Weltkrieg führten ebenso wie die Interessenlagen der anwohnenden Gebäudebesitzer zu Verzögerungen. Die durch die Nationalsozialisten gleich geschaltete Stadtverwaltung schuf schließlich Fakten und ging über Privatinteressen hinweg. 1936 wurden die Planken durch Abriss von Teilgebäuden von 11,46 Metern Breite auf 23,70 Meter erweitert.

Die Perspektive in entgegengesetzter Richtung gibt im Bildhintergrund den Blick auf den Wasserturm, ein Wahrzeichen Mannheims, frei. Außerdem ist in *beiden Bildern* am rechten hinteren Bildrand das Gebäude des Postamts zu erkennen.
Zwischen den Quadraten D 1 und E 1 werden die Planken heute zur Fußgängerzone. In der Umgebung des Paradeplatzes befanden und befinden sich die Warentempel der Konsumgesellschaft. Das Kaufhaus „Fischer-Riegel" etwa, auf dem *historischen Foto* zu sehen, war – für die Zeit ungewöhnlich – 1886 von einer Frau gegründet worden und galt bald als größtes Damenbekleidungshaus Süddeutschlands. Dahinter die Front des Warenhauses Schmoller, des heutigen Kaufhofs, im *neuen Bild* das dritte Gebäude auf der linken Seite. Der Geschmackswandel in der Architektur wird hier in der Gegenüberstellung von klassizistischen Fassaden und nüchternen stahl- und glasbetonten Schauseiten deutlich.

Der Paradeplatz mit dem „Alten Kaufhaus“ bzw. Stadthaus (heute). Das ehemalige Handelshaus, das seit der Mitte des 18. Jahrhunderts als solches genutzt worden war, aber auch schon teilweise Verwaltungszwecken gedient hatte, wurde ab 1910 komplett zum Rathaus.

Die Luftangriffe im Zweiten Weltkrieg hinterließen lediglich den Mittelturm, der aber zum Teil zerstört war. Bis 1965 blieb er etwas verloren stehen und wurde von parkenden Autos „verziert“, bis er diesen schließlich komplett weichen musste, d. h. abgerissen und durch Parkplätze ersetzt wurde.

Im Zuge der Neugestaltung des Paradeplatzes lebte auch die Debatte über einen Neu- oder Wiederaufbau des Alten Kaufhauses auf. Ein Bürgerbegehren für den Wiederaufbau des historischen Baudenkmals blieb erfolglos. Es setzte sich schließlich der Entwurf des Mannheimer Architekten Prof. Carlfried Mutschler für ein „Stadthaus“ durch, das immerhin Anleihen am historischen Vorläufer machte.

Im Saal des Stadthauses finden heute die Stadtratssitzungen statt. Außerdem ist die Stadtbibliothek hier untergebracht. Die überwiegende Zahl der Räume im Stadthaus ist an Handel und Gastronomie vermietet.

Eine weitere Ansicht der Planken in westlicher Richtung. Neben der Plankenerweiterung wurden in der Zeit des Dritten Reichs auch Pläne geschmiedet, den Straßenverkehr von der Autobahn durch die Innenstadt über die Planken bis zum Hafen zu führen. Heute kann der Verkehr wieder auf einer ringförmigen Straße um die Innenstadt fließen, die Planken und die Breite Straße bleiben autofrei.
Die Planken schätzt man wieder als Geschäftsstraße, so dass die bedeutende Innenstadtachse bis einschließlich zum Paradeplatz 1974 zur Fußgängerzone erklärt wurde und seitdem den Passanten und Straßenbahnen gehört. Wie eh und je herrscht hier vor allem zu den Geschäftszeiten eifriges Kommen und Gehen wie noch in den Zeiten der Pferdekutschen.

Zwischen den Quadraten O 6 und P 6 lag die zweite Engstelle der Planken. Ursprünglich die Adresse der Mannheimer Münze, beherbergte das Gebäude in den dreißiger Jahren ein Café (im *Bild oben* die Leuchtreklame „Cafasö"). 1906 war hier das erste Kino der Stadt eingezogen.
Als die Straße an dieser Stelle erweitert wurde, wurde das Gebäude ebenso wie das dahinter liegende abgerissen. Es entstanden zwei neue monumentale Geschäftshäuser, deren Fassade einheitlich gestaltet wurde. Die Häuserfront wurde zurückversetzt, allerdings wurde die alte Verengung der Straße durch einen vorgezogenen einstöckigen Anbau angedeutet (im *Bild unten* rechts zu erkennen). Den Hauptanteil der Räume mietete das Deutsche Familienkaufhaus an.
Im *aktuellen Bild* ist gegenüber dem Deutschen Familienkaufhaus der Teil eines Filialgebäudes des Bekleidungshauses „Engelhorn & Sturm" zu sehen. Das Familienunternehmen wurde bereits 1890 begründet und ist noch zu Beginn des 21. Jahrhunderts im Geschäft.

Die Planken gehen in östlicher Richtung in die Heidelberger Straße über und laufen dort auf den Friedrichsplatz zu. Aus Sicht der Fußgänger präsentiert sich die Einkaufsstraße der Stadt damals wie heute sehr ähnlich: als großzügig gestalteter, mit Bäumen geschmückter Boulevard, an dem Straßencafés die müden und reich bepackten Konsumenten zur Pause einladen.

Im „Deutschen Familienkaufhaus" wurde 1936 auch ein Café mit Tanzmöglichkeiten im ersten Obergeschoss eröffnet. Heute sind in den Räumen im Erdgeschoss mehrere Einzelhandelsläden untergebracht. Von außen präsentiert sich das Bauwerk fast identisch mit dem von vor 1945. Selbst das Balkongitter, das einen Jagdzug des Kurfürsten Carl Theodor darstellt, ist erhalten.

Das „Deutsche Familienkaufhaus“, das an Stelle der für die Plankenverbreiterung abgerissenen Privathäuser errichtet wurde, atmet den monumentalen Baucharakter der nationalsozialistischen Zeit. Unter dem etwas wie eine Festung wirkenden Konsumtempel befand sich ein Luftschutzkeller von 240 Quadratmetern Größe mit eigener Wasserleitung. Im Zweiten Weltkrieg hielt das Gebäude tatsächlich den Luftangriffen größtenteils stand und wurde nur teilzerstört, so dass es nach 1945 in der ursprünglichen Gestalt wieder aufgebaut wurde.

Derart präsentier(t)en sich die Planken, die bis zum Quadrat P 6 Heidelberger Straße heißen, vom Friedrichsplatz aus gesehen. Die Brunnenanlage im Bildvordergrund ist Teil der großen Jugendstilanlage rund um den Wasserturm, wie sie anlässlich des Stadtjubiläums 1907 angelegt wurde. Während der Fußball-Weltmeisterschaft 2002 wurde der Wasserturm von Fans verschiedener Nationen als Mittelpunkt zu „Siegesfeiern“ für „ihr“ Team genutzt. Um Schaden von der denkmalgeschützten Anlage durch freiwillig und unfreiwillig badende Fußballnarren abzuhalten, ließ die Stadtverwaltung schließlich rund um den Brunnen Absperrgitter anbringen.

Durch seine zentrale Lage an breiten Straßen der Innenstadt bildet der Wasserturm von fast allen Seiten und an vielen Stellen einen Orientierungspunkt. Hier zwei Ansichten über die Planken. Im *aktuellen Bild* wird deutlich, dass die Gebäude zwischen Endpunkt der Planken und Paradeplatz (ungefähr an der runden Werbekugel auf dem Kaufhof-Gebäude im linken Bildhintergrund zu erkennen) überwiegend mehrgeschossige Wohnhäuser sind, während dahinter Geschäftsgebäude die Szenerie beherrschen.
Im *alten Bild* links das zweitälteste Kino der Stadt, das 1924 eröffnete „Alhambra“. Das von außen unscheinbare Filmhaus war im Inneren aufwändig gestaltet. Der Saal, der 1 100 Personen aufnehmen konnte, war komplett in den edlen Farben Rot und Gold gehalten und wurde mit orientalischen Motiven dekoriert. Nach der Zerstörung des Kinogebäudes im Zweiten Weltkrieg wurde es an gleicher Stelle wieder errichtet, 1968 durch einen Neubau ersetzt. Bis zum Jahr 2000 flimmerte hier die Großleinwand. Dann beugte sich die Traditionsstätte der Konkurrenz der Großkinos und schloss ihre Pforten.

Die Planken von Westen aus. Im *alten Foto* ist am linken Bildrand ein Teil des alten Börsengebäudes zu erkennen, der aktuelle Standpunkt ist noch weiter westlich, vom Beginn der Planken aus. Die „Alarmsgasse“, wie die Straße in kurfürstlicher Zeit hieß, wurde in westlicher und östlicher Richtung durch die Stadttore begrenzt. Heute führt sie vom Luisenring im Westen, der auf die Rheinbrücke führt, bis zum Friedrichsplatz mit Wasserturm im Osten (in *beiden Bildern* im Bildhintergrund). Der Paradeplatz liegt ungefähr auf halber Länge der Gesamtstrecke.
Das *historische Bild* muss in der Zeit zwischen der nationalsozialistischen Machtergreifung 1933 und der Plankenerweiterung 1936 entstanden sein. Die Straße zeigt sich noch im alten, sich verengenden Zustand (Bildhintergrund), doch hängen auch schon nationalsozialistische Spruchbänder an den Häusern (rechts vorne).

Der in den 1880er Jahren für die städtische Wasserversorgung erbaute Wasserturm wurde anlässlich des 300-jährigen Stadtjubiläums 1907 in den Mittelpunkt umfangreicher Gestaltungsmaßnahmen gestellt. Mit dem Friedrichsplatz rund um den Wasserturm entstand eine beispielhafte Anlage des Jugendstils.
Das lebenswichtige Element Wasser beherrscht die gesamte Anlage rings um den eigentlich technischen Bau, dessen ursprünglicher Zweck zugunsten stadtgestalterischer Aspekte kaum noch zu erkennen ist. Springbrunnen wurden angelegt, um die Wassermänner und -frauen sowie Wasser speiende Fische errichtet wurden, der Turm selbst ist mit allerlei Allegorien verziert.

Das Bauwerk, das schon bald zum Wahrzeichen der Stadt wurde, wird von jeher in seiner Originalgestalt respektiert. So erhielt der Karlsruher Künstler Max Läuger, der im Auftrag der Stadt die Platzanlage für das Festjahr 1907 neu gestaltete, die Auflage, nichts am Turm zu verändern. Und als der im Zweiten Weltkrieg beschädigte Turm Ende der fünfziger Jahre endlich wieder hergerichtet werden sollte, wurden Modernisierungsvorschläge zugunsten des originalen Zustands verworfen. So präsentierten sich auch heute, wenige Jahre vor dem 400-jährigen Jubiläum der Stadt, das Bauwerk ebenso wie die daneben befindliche Gartenanlage nahezu unverändert.

In östlicher Richtung schließt sich an den Friedrichsplatz die Augustaanlage an. Sie wurde während der Jubiläumsfeiern 1907 als Gelände für eine große Gartenausstellung genutzt. Hinter der Springbrunnenanlage, ebenfalls Teil der Jubiläumsgestaltung des Friedrichsplatzes, ist deutlich die halbrunde Anlage der großzügigen Wohnhäuser zu sehen. Die Pläne der Arkadenhäuser wurden im Auftrag der Stadt vom Architekten Bruno Schmitz, der auch mit der Planung des gesamten Platzes betraut war, gefertigt und den Bauherren dann kostenlos zur Verfügung gestellt. Damit und mit der Vorschrift, roten Sandstein für den Bau zu verwenden, wollte die Stadtverwaltung die Geschlossenheit der Anlage garantieren.

Ansichten des Friedrichsplatzes von der Augustaanlage aus. Das Gebäude in der Bildmitte (*Bilder oben*) bzw. am rechten Bildrand (*Bilder unten*), der „Rosengarten", ist 1899 bis 1901 als Festhalle errichtet worden und beherbergte seit der Generalversammlung der Katholiken Deutschlands im August 1901 unterschiedlichste Veranstaltungen. Das „Kultur- und Kongresszentrum Rosengarten", das seit 1991 von einem Eigenbetrieb der Stadt, der „Mannheim Kongress- und Touristik GmbH", betrieben wird, bietet sich als Ort für Konzerte, Tanz- und Musicalveranstaltungen sowie Generalversammlungen regionaler Firmen oder auch für Parteitage an. Mit Raum für bis zu 9000 Personen gehört die Anlage zu einem der größten deutschen Kongresszentren.
Im Jahr 2002 wurde der Rosengarten restauriert.

MANNHEIMER HOF

Teilansicht der Augustaanlage. Von der Autobahn aus östlicher Richtung (Heidelberg) kommend führt die Prachtstraße geradewegs ins Zentrum der Stadt. Für die wohlhabenderen Reisenden bieten sich nach nur kurzer Fahrt in der Stadt gleich die ersten Unterkunftsmöglichkeiten an.

Im *alten Bild* sind zwei der großen Hotels der Stadt zu erkennen. Hinten das „Parkhotel", im Bildvordergrund das „Palasthotel Mannheimer Hof". Auf dem *aktuellen Bild* ist nur ein Teil des Palasthotels hinter den Bäumen zu sehen. Der Quader zwischen den Bäumen ist ein Denkmal für Carl Benz, den Erfinder des Autos, der in Mannheim seine Werkstatt hatte.

Der „Mannheimer Hof" ist das jüngere der beiden Gästehäuser. Eine eigens gegründete Hotelgesellschaft, zu deren Teilhabern auch die Stadt und die örtliche Handelskammer gehörte, trat Ende der 1920er Jahre als Bauherrin mit dem Anspruch an, ein Nobelhotel für Geschäftsreisende zu errichten. Die Architekten grenzten sich bewusst von den Vorgängern der Jahrhundertwende ab und somit auch von der vom Jugendstil geprägten Umgebung des Friedrichsplatzes, an den der „Mannheimer Hof" grenzt (das Türmchen auf dem benachbarten Gebäude gehört zu den halbrunden Arkadenbauten am Friedrichsplatz). So bevorzugten die Architekten etwa gerade Linien statt historistischer, detailverliebter Fassadendekorationen. Die meisten der 171 Zimmer wurden um einen ruhigen Innenhof gelegt, das Hotel also in vier Flügeln errichtet.

Das im Zweiten Weltkrieg teilbeschädigte Gebäude wurde bis 1955 von der US-amerikanischen Besatzungsmacht in Anspruch genommen. Im Jahr 1956 eröffnete der Steigenberger-Konzern wieder ein Hotel in den Gemäuern. Heute bietet das Steigenberger-Hotel „Mannheimer Hof" 161 Zimmer und sieben Suiten und darf sich mit der Kategorie „vier Sterne" schmücken.

Um die Innenstadt Mannheims mit ihren Quadraten ist ein Straßenring angelegt, der in vier Teilbereiche (Kaiser-, Friedrichs-, Luisen- und Parkring) gegliedert ist. Hier der Beginn des Friedrichsrings, der vom Friedrichsplatz bis zur Kurpfalzbrücke reicht und somit das Zentrum in nordöstlicher Richtung abgrenzt.
Das Metallgeländer auf dem *aktuellen Foto* markiert den Abgang zur Tiefgarage unter dem historischen Friedrichsplatz, die erst in den neunziger Jahren angelegt worden ist. Die Nachfolger des einsamen Schutzmanns auf dem alten Bild bekommen heutzutage vielfältige technische Hilfe. Seit 2001 sind in Mannheim an einigen Plätzen Videokameras der Polizei zur Überwachung installiert.

Das Vereinsheim des ältesten Sportvereins der Stadt, des „Turn- und Sportvereins von 1846“ (TSV 1846). Das Gebäude hat in seiner aktuellen Form etwas von seinem verspielten Charakter, der schon bei der Einweihung 1903 Erstaunen ausgelöst hatte, eingebüßt, ist aber immer noch ungewöhnlich.
Der TSV gehörte zu den Turnvereinen, die während der Revolutionszeit 1848/49 eine prominente Rolle spielten. Einer seiner Gründer war der radikale Demokrat Gustav Struve gewesen, der zusammen mit Friedrich Hecker die badischen Aufstände während der Revolution anführte und in der Reaktionszeit in die USA emigrierte. Nach der Revolution war der TSV wie andere Sportvereine verboten, wodurch zum Teil die späte Errichtung eines eigenen Vereinsheims begründet ist.
Heute steht nicht mehr die Politik, sondern der Breitensport in allen Facetten im Vordergrund. Mit 22 Abteilungen vom Basketball über Karate bis zum Wandern und über 5000 Mitgliedern ist der TSV noch heute der größte Verein der Stadt.
Im Spitzensport haben andere Vereine den Namen Mannheims nach außen getragen. Besonders erfolgreich waren und sind die „Mannheimer Adler“ im Eishockey. Sie gewannen seit Einrichtung der neuen Deutschen Eishockey Liga 1994/95 vier Mal den deutschen Titel, zuletzt in der Saison 2000/2001. Über die Region hinaus bekannt ist auch der SV Waldhof, der 1983 bis 1990 in der 1. Fußball-Bundesliga spielte. Der heutige Zweitligist, wirtschaftlich angeschlagen, soll 2002 eine unter den jeweiligen Anhängern nicht unumstrittene Spielgemeinschaft mit dem zweiten Mannheimer Traditionsverein im Fußball, dem VfR Mannheim, bilden.

Das 1902 errichtete „Parkhotel", mit Blick auf den Friedrichsplatz und in günstiger Lage zum Tagungszentrum Rosengarten gelegen, verstand sich nach eigener Werbung in den 1920er Jahren als „einziges Mannheimer Hotel ersten Ranges". Die Superlative wurden sicher auch genutzt, um der hochrangigen Konkurrenz, dem gerade neu entstandenen „Mannheimer Hof" in der nahen Augustaanlage, Gäste streitig zu machen. „Warmes und kaltes Wasser in allen Räumen, Fernsprecher in allen Zimmern, erstklassige Küche, vorzügliche Weine, Fünfuhrtee, Bar", womit sich das Hotel seinerzeit brüstete, sind heute selbstverständlich geworden, aber noch immer bietet das Haus, das heute zur Kette „Maritim" gehört und sich zuweilen anlässlich von Parteitagen illustrer Gäste erfreut, in seinen 173 Zimmern gehobenen Komfort.

Der „Rosengarten“ nach Fertigstellung der Renovierungsarbeiten im Sommer 2002 (*unten*) und im Originalzustand. Der irreführende Name für ein Gebäude mitten in der Stadt lässt sich auf die Flurbezeichnung des Standorts zurückführen.
Für insgesamt über acht Millionen Euro wurden in den vergangenen Jahren ein Veranstaltungssaal sowie das Dach renoviert. Letzteres erhielt wieder seine historische Form. Sechs Jahre nachdem der Stadtrat 1897 die Errichtung einer Festhalle beschlossen und einen Wettbewerb ausgeschrieben hatte, wurde der vom Berliner Architekten Bruno Schmitz entworfene „Rosengarten“ in den Rahmen der Jugendstilanlage um den Friedrichsplatz integriert.
Im Zweiten Weltkrieg zerstört, wurde das Veranstaltungsgebäude außen unverändert wieder aufgebaut, innen allerdings schlichter gehalten. Der „Rosengarten“ verfügt heute über insgesamt 18 Säle und Räume. Der größte hiervon, der Mozartsaal für 2300 Besucher, als Konzerthalle genutzt, wurde einmal vom berühmten Pianisten Justus Frantz als einer der schönsten Konzertsäle Deutschlands betitelt.
An den Rosengarten angeschlossen ist seit 1996 ein Kongress-Hotel mit über 280 Zimmern.

In der Zeit des Kaiserreichs erlebte Mannheim einen rasanten Aufstieg zur Industriestadt. Von der Überwindung alter Grenzen durch den Nationalstaat profitierte auch die Stadt an Rhein und Neckar. Zahlreiche Firmen ließen sich hier nieder, die Bevölkerung wuchs, die Kommune konnte aber auch kulturell glänzen. So wundert es nicht, dass hier wie in vielen deutschen Städten dem „Reichsgründer" Bismarck ein Ehrenmal gesetzt wurde. 1900 schmückte das monumentale Denkmal den Kaiserring (*Bild oben*).
Im Zweiten Weltkrieg wurde es beschädigt, so dass der germanische „Recke" – nach 1945 ohnehin mehr als unzeitgemäß und unangebracht betrachtet – verloren ging. Der bronzene Bismarck hingegen blieb erhalten und wurde 1980 am Bismarckplatz, unweit des früheren Standorts, wieder aufgestellt.

Ergänzend zur Neugestaltung des Friedrichsplatzes und dem Bau des „Rosengartens“ als Tagungsort sollte Mannheim nach dem Willen der Stadtherren auch ein Museum bekommen. Das eigentlich anvisierte große Museumsgebäude mit Abteilungen zur Volkskunde, Stadtgeschichte und bildenden Kunst direkt am Friedrichsplatz ließ sich nicht realisieren. Der Bau des „Reiß-Museums“, benannt nach den Stiftern Carl und Anna Reiß, folgte in späteren Jahren an anderem Ort. Die städtische Kunsthalle aber wurde unweit vom Jubiläumsgelände errichtet und 1909 eröffnet. Im Jubiläumsjahr 1907 stellte man den Bezug zum Festgelände durch eine Fußgängerbrücke zwischen Haupteingang des Museums in der Moltkestraße und dem Friedrichsplatz her.
In den Bildern ist der Kuppelbau in der Mitte des Gesamtkomplexes zu erkennen. Über die Treppe betreten die Kunstliebhaber, behütet von zwei majestätischen Löwen, die Kunstsammlung.
1983 wurde das erhaltene Gebäude erweitert, 1999 ließ die Museumsleitung mit Stiftungsmitteln den unterirdischen Bunker aus dem Zweiten Weltkrieg ausbauen. Durch beide Maßnahmen konnte die Präsentationsfläche des überregional bedeutenden Kunsthauses vergrößert werden.

Getreu dem Motto des ersten Direktors der Kunsthalle, Fritz Wichert, ein Museumsbestand müsse zu einer Sammlung für alle werden, ist die Kunsthalle in den knapp hundert Jahren ihres Bestehens zu einem der bedeutendsten Museen der bildenden Kunst in der Bundesrepublik geworden. Im Jahr 2000 zählte das Museum rund 82 000 Besucher und Besucherinnen und kam somit dem zitierten Motto recht nahe.
In den ersten Jahren des Bestehens der Kunsthalle wurden hauptsächlich Werke französischer und deutscher Impressionisten eingekauft. Die fortschrittliche Ausrichtung blieb nicht unangefochten von konservativen Kritikern, doch heute ist man den ersten Direktoren dankbar, dass sie solche Schätze wie etwa Manets „Erschießung Kaiser Maximilians" nach Mannheim geholt haben. Auch der Erwerb von Werken moderner Meister wie Otto Dix, George Grosz oder Max Beckmann lässt sich in der Rückschau als besonders weit blickend und kompetent werten.
Freilich rissen die Maßnahmen der Nationalsozialisten zur „Reinigung von entarteter Kunst" auch in Mannheim schmerzliche Lücken. So war es für die Direktoren noch lange nach 1945 neben der aktuellen Sammlung auch Aufgabe, die durch Beschlagnahmungen entstandenen Verluste auszugleichen bzw. zu ersetzen.
Heute umfasst der Gesamtbestand der Kunsthalle neben einer Plakatsammlung und einer kunstgewerblichen Sammlung etwa 1700 Gemälde, 33 000 Blatt Handzeichnungen, Aquarelle und Druckgraphiken sowie 600 Skulpturen. Letztere bilden den Sammlungsschwerpunkt der Gegenwart.

Der Hauptbahnhof Mannheim wurde 1871 bis 1876 erbaut. Zuvor hatte sich am Tattersall, unweit des neuen Standorts, ein Personenbahnhof befunden, der aber dem zunehmenden Verkehr, der sich durch die Elektrisierung der Mannheimer Straßenbahnen sogar noch intensivieren sollte, nicht mehr gewachsen war. Die Verbindung zwischen Heidelberg und Mannheim war 1840 in Betrieb genommen worden und somit die älteste Bahnlinie Badens. Nach dem Bau des neuen Bahnhofs kam nun die Verbindung in die großherzogliche Hauptstadt Karlsruhe hinzu.
Nach und nach entwickelte sich Mannheim zu einem Verkehrsknotenpunkt: Der Bahnhof war sowohl Umsteigestation auf den zunehmenden Nord-Süd-Strecken, schleuste aber auch die wachsende Zahl der Berufspendler aus dem Umland in die Stadt. Schon 1907 wurde an Erweiterungsplänen gearbeitet, Ende der 1920er Jahre war deren Umsetzung dann aufgrund des höheren Verkehrsaufkommens unumgänglich.
Auch heute nimmt der Hauptbahnhof eine verkehrstechnisch bedeutende Position im Schienennetz der Deutschen Bahn ein. Täglich fahren 580 Züge, davon 190 des Fernverkehrs von, bis und durch Mannheim. Das bedeutet auch, dass rund 70 000 Reisende und Besucher pro Tag den Hauptbahnhof bevölkern.
Die Ankündigung des Konzerns, möglicherweise Teile des ICE-Schnellverkehrs künftig auf einer Neubaustrecke an Mannheim vorbeifahren zu lassen, um die Fahrzeit zwischen Stuttgart und Frankfurt zu verkürzen, rief 2001 und 2002 heftigste Reaktionen in der Kommunalpolitik Mannheims und der Region, aber auch in der Landespolitik der betroffenen Bundesländer Baden-Württemberg, Rheinland-Pfalz und Hessen hervor. Anfang 2002 leitete die Bahn ein Raumordnungsverfahren ein – der Ausgang des Konflikts zwischen Teilen des Bahnkonzerns und der Stadt ist weiterhin offen.

Zwischen Juli 1999 und Oktober 2001 wurde der Mannheimer Hauptbahnhof für 100 Millionen DM (rund 51 Millionen Euro) modernisiert. Dazu wurde fast das gesamte Gebäude umgebaut, lediglich die denkmalgeschützte Fassade blieb während der Arbeiten stehen. Mehr als zwei Jahre lang mussten Reisende ein Provisorium, das über Holzstege vom Bahnhofsvorplatz zu den Gleisen führte, in Kauf nehmen. Nach der Fertigstellung werben nun insgesamt 39 Einzelhändler und Gastronomen um die wartenden Fahrgäste, von denen möglicherweise die meisten gar nicht gerne auf die Bahn warten, sondern lieber darin säßen. Das hellere und saubere Bahnhofsgebäude, das außerdem um eine unterirdische Geschäftsstraße ergänzt wurde, verfügt nun über 18 Quadratkilometer Nutzfläche. Die neue, 29 Meter hohe Glaskuppel über dem Empfangsgebäude erinnert an das ursprüngliche Gesicht des Bahnhofs, wie er bis in die späten 20er Jahre aussah und auf dem *Bild oben* zu sehen ist. Beim Umbau 1929 hatte man den Kuppelaufbau entfernen lassen, der nun in Glasform wieder erstand.

HAUPTBAHNHOF

Blick auf den Kaiserring vom Vorgelände des Hauptbahnhofs. Der Ring um die Innenstadt ist ein relativ junger Straßenausbau. Bis weit ins 19. Jahrhundert hinein wurde die Stadt zwischen den beiden Flüssen Rhein und Neckar durch einen Damm abgegrenzt und vor Hochwasser geschützt. Erst im Zuge der durch das Bevölkerungswachstum bedingten Stadterweiterung wurde dieser Damm durch eine Ringstraße ersetzt. Dieser Teil des Rings ist die kürzeste Verbindung von Reisenden in die Innenstadt, von hier gerät man in wenigen Minuten zu Fuß zum Friedrichsplatz. Allerdings lässt es sich heutzutage nicht mehr so gemütlich dorthin flanieren wie in früheren Zeiten. Der Kaiserring ist heute vierspurig ausgebaut, in der Mitte der Straße verkehren Straßenbahnen.

In Mannheim, dessen Anfänge als Stadt eng mit der Anlage einer militärischen Festung zusammenhängen, war seit kurfürstlichen Zeiten Militär in der Innenstadt einquartiert. Noch im frühen 20. Jahrhundert gab es Truppenteile im Zentrum. Die Kaserne, die sich auf die Quadrate L 3 und L 4 öffnete, beherbergte ein Dragonerregiment. Ein Teil der Kasernenanlage ist im *Bild links* im Vordergrund zu erkennen, im Hintergrund ein Teil des kurfürstlichen Schlosses. Zur Jahrhundertwende wurden die Soldaten schließlich in weniger zentralen Stadtgebieten untergebracht. Auf dem ehemaligen Kasernengelände wurde in den zwanziger Jahren das Arbeitsamt errichtet.
Davor ist auf dem *aktuellen Bild* das Finanzamt in L 3 zu erkennen.

Das über einen halben Kilometer breite Mannheimer Schloss ist die größte derartige barocke Anlage in Europa. 1720 hatte Kurfürst Carl Philipp von der Pfalz den Grundstein für seine neue Residenz legen lassen. Erst sein Nachfolger, der spätere große Förderer der Stadt Kurfürst Carl Theodor, erlebte die Vollendung des Baus im Jahr 1760. Schon 1778, als Carl Theodor nach München zog, verloren Mannheim als Residenzstadt und somit auch das Schloss wieder an Bedeutung. Die Großherzoge Badens, zu dem Mannheim 1802 geriet, behielten Karlsruhe als Residenz.
Unsere Bilder zeigen den Ehrenhof, in dem zu kurfürstlicher Zeit Besucher empfangen wurden. Heute dient der Hof als Treffpunkt für Studierende. Seit 1955 ist die Mannheimer Universität in den Schlossgebäuden untergebracht. Das Kaiser-Wilhelm-Denkmal im *alten Bild* musste schon während des Zweiten Weltkrieges wegen Bunkerbauten weichen.

In der Nähe des Schlosses ließen die Kurfürsten ihre Hofkirche errichten. Zwischen 1722 und 1756 entstand nach dem Vorbild der Kirche „Il Gesù" in Rom die Jesuitenkirche, eines der größten barocken Gotteshäuser. Ihren Namen erhielt die Kirche, weil sie auf einem von Kurfürst Carl Philipp dem Jesuitenkolleg in Mannheim geschenkten Gelände entstand. Im Zentrum der Stadt gelegen, konnte im Zweiten Weltkrieg auch dieser Ort der Einkehr nicht dem Schicksal anderer historischer Gebäude entgehen. Die Kirche wurde während der Bombenangriffe schwer beschädigt, die kunstvolle Innenausstattung der Kuppelausmalungen und Schnitzereien ging unwiederbringlich verloren.
Seit wenigen Jahren wird die Jesuitenkirche restauriert. So sind beispielsweise der zwanzig Meter hohe Hochaltar und der Chorraum bereits erneuert, aber noch zahlreiche Aufgaben stehen vor den Restauratoren. Der Bund unterstützt die Maßnahmen finanziell.

Das Mannheimer Nationaltheater ist dem Namen zum Trotz das erste kommunale Theater in der deutschen Geschichte gewesen. Als Mannheim 1806 zu Baden geriet, hatte das Großherzogtum plötzlich neben dem Staatstheater in Karlsruhe eine zweite staatliche Bühne, nämlich das 1779 gegründete „Mannheimer Hof- und Nationaltheater“. Aus der Not heraus erwuchs nun die kommunale Organisation: Das Großherzogtum nahm die Stadt immer mehr in die finanzielle Pflicht für ihre Bühne. Schließlich wurde das Theater überwiegend kommunal verwaltet, als 1839 ein Hoftheaterkomitee aus drei Mannheimer Honoratioren und einem staatlichen Theaterkommissär die Leitung übernahm.

Den Beinamen „Schillerbühne“ trägt das Theater, weil hier am 13. Januar 1782 die „Räuber“ des Dichterfürsten uraufgeführt wurden und in der folgenden Saison Schiller als Theaterdichter in Mannheim agierte. So wundert es auch kaum, dass man ihm neben dem ersten Schauspieldirektor Dalberg und dem Schauspieler Iffland ein Denkmal vor dem Bühnenhaus errichtete (auf dem *historischen Foto* das hintere Denkmal). Heute steht das nach dem Zweiten Weltkrieg restaurierte Bronzedenkmal ungefähr auf dem angestammten Platz. Das Nationaltheater, in Bombenangriffen 1943 zerstört, wurde 1957 am Goetheplatz neu errichtet.

Damals zeigte sich das Engagement der Stadtbürger für „ihre“ Bühne. Um eine Fusion mit dem Heidelberger Stadttheater zu verhindern, gründete sich im März 1950 die „Gesellschaft der Freunde des Mannheimer Nationaltheaters“. Die Gesellschaft half durch ihren Protest nicht nur die Fusion zu verhindern, sondern sammelte obendrein eine Million Mark zur Unterstützung des geplanten Neubaus.

Viele der Mannheimer Schulbauten sind in den Jahren zwischen der Jahrhundertwende und dem Ersten Weltkrieg erbaut worden. Zum einen stieg seinerzeit die Anzahl der Volksschüler als Resultat der vorangegangenen Bevölkerungszunahme der Stadt stetig an, zum anderen waren in den Jahren zuvor mit den Stadterweiterungen neue Stadtteile entstanden, die nun mit Bildungseinrichtungen versorgt werden mussten.

Unsere Bilder zeigen eines der zum Teil erhaltenen Schulgebäude. An der Stelle der 1903 abgerissenen Grenadier- oder Rheintorkaserne, die das gesamte Quadrat C 6 eingenommen hatte, sollten ab 1907 nicht mehr Soldaten das Marschieren, sondern Schüler das Einmaleins des Handels lernen. Die damalige Kurfürst-Friedrich-Gewerbeschule (das Relief des Kurfürsten zu Pferde ist auf dem *oberen Bild* zu erkennen) wurde später in Werner-von-Siemens-Schule umbenannt. Heute beherbergt das Gebäude die Friedrich-List-Schule, in der eine Berufsschule, ein Wirtschaftsgymnasium sowie eine Wirtschaftsschule untergebracht sind.

Auf dem *historischen Bild* ist am linken Bildrand noch ein Teil des Zeughauses zu erkennen. Das Zeughaus diente bis 1898 militärischen Zwecken, danach bis zur partiellen Zerstörung im Zweiten Weltkrieg als Leihamt. 1947 beschloss der Stadtrat in dem Gebäude ein Museum einzurichten. Heute ist im ehemaligen Zeughaus die stadt-, theater-, musik- und kunstgeschichtliche Sammlung des Reiß-Museums (heute: Reiß-Engelhorn-Museum) untergebracht. Im Neubau gegenüber finden Sonderschauen statt, außerdem werden hier Archäologie, Naturkunde und außereuropäische Kulturen präsentiert.

Die Bürgerhospitalkirche in E 6 (im Bildhintergrund ist ein Teil der Friedrich-List-Schule zu erkennen) ist das einzige Relikt des ehemaligen katholischen Bürgerhospitals, das 1773 mit kurfürstlicher Genehmigung gegründet wurde und seit 1784 im Quadrat E 6 stand. In dem Hospital wurden nicht nur Kranke vorwiegend katholischen Glaubens gepflegt, es besaß überdies eine eigene Druckerei, in der 1789 bis 1866 außer Gebet- und Gesangbüchern auch die Zeitung „Mannheimer Journal" gedruckt wurde.
Bis 1937, als die Stadt die Planken verbreitern ließ und im benachbarten Quadrat E 5 mit dem Bau des technischen Rathauses begann, blieben die Bauten des Hospitals im Wesentlichen unverändert. Das *alte Bild* zeigt den Zustand vor den Bauarbeiten. Die Fertigstellung des Rathauses verzögerte sich aber, so dass der ursprünglich geplante Komplettabriss und Neuaufbau des Hospitals an anderer Stelle unterblieb. Im Zweiten Weltkrieg wurde das Hospital zerstört. Auch die Hospitalkirche brannte im Inneren nieder, doch wurde die Ruine 1955 wieder aufgebaut. Seitdem steht die Kirche frei, da neben den angrenzenden Hospitalbauten auch die Privathäuser der Nachbarstadt zerstört waren.

1862 wurde die Bedeutung Mannheims als Handelsstadt durch die Institution einer Produkten- und Effektenbörse unterstrichen, die im „Hotel Portugal“ in E 4 eingerichtet wurde. Als Ende des 19. Jahrhunderts die Händler auf die Straße auswichen und ihre Geschäfte im Freien abwickelten, weil die Räume in dem ehemaligen Gasthaus aus allen Nähten platzten, ließ man an selber Stelle einen größeren Neubau errichten. Das neubarocke Gebäude wird an den Portalen durch Symbole des Handels, der Schifffahrt und des Verkehrs, der Industrie und des Bergbaus sowie des Ackerbaus geziert. Fortan konnten sich die Börsenhändler nicht nur über den ausreichend großen Börsensaal und eigene Büroräume, sondern auch über ein Café, Billardzimmer und einen Salon freuen. 1938 wurde die Börse wieder verlegt, der Bau kam in städtischen Besitz. Die Stadt richtete dort die Hochschule für Musik und Theater ein. Nach den Zerstörungen des Zweiten Weltkriegs wurde 1949 erneut ein Börsensaal eingerichtet.

Schließlich vertrieben wieder die Musen den Handelsgott Merkur. Seit 1985 ist das ehemalige Börsengebäude Heimstatt der Städtischen Musikschule Mannheim.

Blick über den Neckar auf die Neckarstadt, heute der größte Stadtteil Mannheims. In den 1870er und 1880er Jahren wurde das Gebiet nördlich des Flusses großflächig mit Arbeiterwohnhäusern bebaut. Die 1845 konstruierte Kettenbrücke über den Neckar war dem wachsenden Verkehr und vor allem den Straßenbahnen nicht mehr gewachsen und wurde 1891 durch die im *Bild links* gezeigte Eisenbrücke mit drei Öffnungen, die ihrer Vorgängerin abgeschaut waren, ersetzt. Der badische Großherzog selbst weihte die nach ihm benannte Friedrichsbrücke ein.
Die gegen Kriegsende von der Wehrmacht gesprengte Brücke wurde in der im *Bild unten* gezeigten Form wieder errichtet. Auch bei der Neueinweihung des nun „Kurpfalzbrücke" getauften Flussübergangs war politische Prominenz in Person von Bundespräsident Theodor Heuss anwesend.

Noch an gleicher Stelle, an der Friedrichs- bzw. Kurpfalzbrücke auf der Uferseite der Innenstadt, steht der Bahnhof der Oberrheinischen Eisenbahngesellschaft (OEG), der allerdings seit wenigen Jahren nicht mehr in Betrieb ist. Zu Beginn des 20. Jahrhunderts bewog der zunehmende Pendlerstrom die Stadtverwaltung dazu, den Schienennahverkehr auszuweiten. Gemeinsam mit Verkehrsgesellschaften der Region gründete die Stadt Mannheim 1911 die OEG. Neben dem Großteil des Grundkapitals lag der Beitrag der Stadt darin, die eigenen Schienennetze der neuen Gesellschaft zur Verfügung zu stellen.
Damals wie heute verbindet die OEG die Kommunen Mannheim, Heidelberg und Weinheim in einem Rundverkehr. Zusammen mit dem Busverkehr für Weinheim bedient die OEG heute eine Fläche von ungefähr 48 000 ha, auf der etwa 630 000 Einwohner leben.
Vom OEG-Bahnhof Mannheim aus fuhren und fahren die Bahnen am Fluss entlang bis nach Heidelberg. Erst vor wenigen Jahren wurde die Strecke der OEG an dieser Stelle auf die Straßenbahnlinie (*Bild rechts*, Vordergrund) vorverlegt, so dass die Bahnen nicht mehr den Stopp am alten Sackbahnhof machen müssen. Die Fläche am Bahnhof dient seit drei Jahren einem gastronomischen Betrieb als Biergarten.

Seit 1806 betreibt die Stadt ein eigenes Spital, zunächst in der Innenstadt. Gegen Ende des 19. Jahrhunderts geriet das Städtische Klinikum wiederholt in Raumnot. Die Suche nach einem geeigneten Bauplatz zog sich noch bis zum Vorabend des Ersten Weltkrieges hin. Schließlich wurde 1913 der Grundstein am nördlichen Neckarufer gelegt. Durch den Krieg verzögerte sich die Fertigstellung, erst 1922 übergab Oberbürgermeister Theodor Kutzer das Hauptgebäude seiner Bestimmung. Das nahezu einen halben Kilometer lange Bauwerk ist seit den 1960er Jahren um mehrere Bauten erweitert worden. Seit 1997 wird das Klinikum von der Stadt als einziger Gesellschafterin als GmbH geführt, ein Jahr später erhielt es den Status des Universitätsklinikums der „Fakultät für Klinische Medizin Mannheim der Universität Heidelberg“.

In der Phase der Industrialisierung der Stadt wurden für die wachsende Bevölkerung neue Stadtviertel planmäßig angelegt, so etwa die Neckarstadt jenseits des Neckars, die Schwetzingerstadt oder die Oststadt. Der Lindenhof ist ein aus privater Initiative erwachsener Stadtteil. Südwestlich der Innenstadt liegt der Stadtteil zwischen den Bahnanlagen und dem Rheinufer. Im Jahr 1841 erwarb sich der Frankfurter Bürger Friedrich Wilhelm Gontard in der noch von wilder Natur geprägten Idylle ein Anwesen. Nach ihm ist der gezeigte Platz bis heute benannt.
Von Gontard wiederum erwarb später einer der Gründer der Badischen Anilin- und Soda-Fabrik (BASF), Friedrich Engelhorn, das mehr oder weniger brachliegende Gelände. In nur etwas mehr als einem Jahrzehnt ließen sich fortan vor allem wohlhabendere Bürger am Rhein nieder, so dass bis 1904 ein Stadtteil von über 6 000 Einwohnern entstanden war. Im Jahr 2000 lebten auf dem Lindenhof annähernd 13 000 Menschen. Wenn auch nicht mehr ganz so wohlhabend, so ist der Lindenhof dennoch auch heute noch ein Stadtteil mit vergleichsweise wenigen sozialen Problemen.

Der Lindenhof vom linken Rheinufer aus. Rhein und Neckar prägten und prägen das Bild Mannheims und beeinflussen die Geschicke der Stadt seit jeher. Große Flächen des heutigen Stadtgebiets wurden erst bebaubar nach der Rheinbegradigung 1817 bis 1867, die den Strom zur großen Schifffahrtsstraße machte. Zuvor hatte sich der Rhein selbständig sein Bett gesucht und immer wieder weite Teile auch der Region um Mannheim geflutet. Die Stadt selbst war beispielsweise 1741 komplett überschwemmt.

Noch in der Mitte des 19. Jahrhunderts lagen zwischen dem heutigen Ring um die Innenstadt und dem Stadtzentrum Grünanlagen. Die tiefer gelegenen Flächen an Rhein und Neckar wurden erst nach Vollendung der Rheinkorrektion besiedelbar. Gleichzeitig bot nun der Schiffsverkehr auf Rhein und Neckar eine Grundlage für den wirtschaftlichen Fortschritt Mannheims als Handels- und Hafenstadt. Damals begann das Wachstum, das die Stadt von 1870 gerade mal 40 000 Einwohnern bis zur Jahrhundertwende auf Großstadtniveau, also über 100 000 Einwohner, brachte. Vor dem Zweiten Weltkrieg lebten 280 000 Menschen in Mannheim, heute sind es etwas mehr als 300 000.

Viele davon suchen an den Wochenenden auch Erholung am Rheinufer. Nördlich des hier gezeigten Abschnittes schließen sich die Hafen- und Industrieanlagen an, südlich hingegen befindet sich ein ausgedehntes Naherholungsgebiet, das Möglichkeiten zum Spazierengehen, Sport und Schwimmen bietet.

Der Blick von Mannheim auf die Rheinbrücke ins rheinland-pfälzische Ludwigshafen. Die erste Brücke auf die andere Rheinseite wurde von Mannheim aus 1669 geschlagen. Damals war das linke Rheinufer noch nahezu unbebaut. Ludwigshafen wurde erst 1853 gegründet.
Mit Abschluss der Rheinbegradigung wurden die beiden Flussufer 1867 durch eine Doppelbrücke miteinander verbunden. Unter den miteinander verbundenen Stahlbögen war links eine doppelgleisige Schienenstrecke, rechts eine zweispurige Fahrstraße angelegt. In den dreißiger Jahren wurden beide Teile der Brücke zum Straßenübergang, für die Schienenstrecke wurde ein weiterer Übergang angelegt, ähnlich wie auf dem *aktuellen Foto* zu erkennen. Nach der Sprengung der Brücke durch die deutsche Wehrmacht blieb fast ein Jahrzehnt lang die 1948 angelegte Behelfsbrücke stehen, bevor 1957 der Grundstein für die „Konrad-Adenauer-Brücke" gelegt wurde. Die Adenauer-Brücke ist nun zeitgemäß autogerecht gestaltet. In der Brückenmitte sind die Schienen der zwischen beiden Städten verkehrenden Straßenbahnen zu erkennen. Ab 2004 soll dann die neue „S-Bahn-Rhein-Neckar" den Rhein auf der neu errichteten Brücke (im Bild ganz links) überqueren.

Die S-Bahn-Rhein-Neckar war nicht zuletzt wegen der notwendigen Abstimmung zwischen drei Bundesländern und zahlreichen Kommunen keine leichte Geburt. Eine erste Konzeption lag bereits 1973 vor, im selben Jahr gründete sich eine Verkehrsgemeinschaft aus den Städten Mannheim, Heidelberg, Ludwigshafen sowie der Bundesbahn und der Bundespost. Heute ist der Verbund auf die Fläche der gesamten Vorderpfalz im Westen bis nach Osterburken im Osten gewachsen, von Nord nach Süd erstreckt sich die Fläche vom rheinhessischen Alzey bis zur französischen Grenze. Die neue S-Bahn-Strecke soll ab 2004 eine Verbindung zwischen Kaiserslautern über Mannheim und Heidelberg bis nach Osterburken bedienen. Hinzu kommen Verbindungen nach Speyer und Karlsruhe.

Hier ist im *unteren Bild* rechts die Fußgängertreppe von der Adenauer-Brücke zum ehemaligen Schlossgarten zu erkennen. Im Gegensatz zu der Aufnahme aus den 1930er Jahren beherrschen aber nicht mehr Spaziergänger, sondern der Motorverkehr und die Bahn die Szenerie. Die 1930–1932 angelegte zweite Brücke für den Schienenverkehr (im *oberen Bild* links) wurde gebaut, weil das hohe Verkehrsaufkommen bereits damals Staus und vor allem Unfälle verursacht hatte. Die Idee einer Untertunnelung des Flusses nach dem Beispiel Hamburgs, wo der Elbtunnel 1911 fertig gestellt worden war, wurde wegen technischer Schwierigkeiten wieder fallen gelassen.
Die auf dem *neuen Foto* abgebildete weiße Bogenbrücke links ist eigens für die „S-Bahn-Rhein-Neckar“ errichtet worden. Die 276 Meter lange Konstruktion wurde auf schwimmenden Trägern über den Rhein geschoben. Dabei wurden im September 1999 fast 3000 Tonnen Gewicht über eine Strecke von fünfzig Metern über Wasser transportiert. Die Operation dauerte acht Stunden. Seitdem wird auf beiden Rheinseiten und in den Bahnhöfen der gesamten Region gebaut.

Die Westseite des Schlosses von der Rheinbrücke aus gesehen. Wenn auch schon 1851 ein Teil des Schlossgartens zwischen Hauptgebäude und Rheinufer durch die Anlage der Bahnlinien zerstückelt wurde, ist doch auf dem *historischen Bild* von der ersten Hälfte des 20. Jahrhunderts noch einiges an Grün zu erkennen. Mit dem Ausbau zur autogerechten Stadt in den fünfziger Jahren verkleinerte sich der Park nochmals. Dennoch ist es auch heute noch möglich, in den Grünanlagen um das Schloss zu flanieren und von dort aus die Rheinbrücke zu Fuß zu überqueren. Den Blick auf das stolze Schlossgebäude hingegen können am ehesten Bahnreisende genießen.

Blick vom Mannheimer Rheinufer auf die Adenauer-Brücke nach Ludwigshafen. Im Bildhintergrund ist auf Ludwigshafener Seite jeweils die Walzmühle zu erkennen. Bis 1985 wurde in dem Bauwerk eine der größten und schon in früheren Zeiten modernsten Mühlen Europas betrieben. Zwei Bauwerke der Mühle, jeweils links und rechts des Turms, sind noch die originalen Gebäude aus 1906. Der Turm zwischen den beiden Originalbauten ist in den neunziger Jahren im Zuge komplexer Umbauten der Mühle neu gestaltet worden. Heute befinden sich im „Walzmühlen-Komplex" neben einem Großkino und Gastronomie verschiedene Einzelhandelsgeschäfte.

Bei der Umgestaltung hat man auch darauf geachtet, die 1906 bewusst künstlerisch ausgearbeiteten Fassaden zu erhalten. Damals wie heute steckt hinter die Absicht, einen Gegenpol zum Mannheimer Schloss auf dem gegenüberliegenden Ufer zu errichten. So diente die Walzmühle auch als ein Wahrzeichen der jungen Industriestadt (in der mit dem Werk der BASF die weltweit größte zusammenhängende Chemiefabrik steht) und als ein Moment der Identifikation gegenüber der älteren Residenzstadt Mannheim.

EIM

Neben der Konrad-Adenauer-Brücke ist die 1972 fertig gestellte Kurt-Schumacher-Brücke – im *neuen Bild* im Hintergrund zu sehen – der zweite Brückenübergang zwischen den beiden Städten am Rhein. Auf der linken, also der Ludwigshafener Rheinseite ist hinter den Hafenanlagen das „BASF-Hochhaus“, das Hauptverwaltungsgebäude des Chemiekonzerns, zu sehen. Das Hochhaus auf der Mannheimer Seite, hinter der Schiffsanlegestelle, ist das in den Jahren 1958/59 erbaute Verwaltungsgebäude des Staatlichen Hafenamts. Das mit „Haus Oberrhein“ betitelte Gebäude, das Ende der fünfziger Jahre das größte Hochhaus der Stadt war, bildet den markanten Abschluss der nördlich hiervon gelegenen Hafengebäude.

Im Bild *oben* das Rheinvorland mit Hafenanlagen in der Zeit zwischen den Weltkriegen. Seit der Anlage des Freihafens 1828 expandierten die Einrichtungen der Binnenschifffahrt in Mannheim. In Etappen kamen bis zum Ersten Weltkrieg der Zollhafen, ein Verbindungskanal zwischen Rhein und Neckar, der Mühlauhafen sowie der Rheinauhafen hinzu. In den 1960er Jahren wurde im Norden der Stadt auf der „Friesenheimer Insel“ ein Ölhafen errichtet. Nach dem Ersten Weltkrieg hatte der Handel in den Mannheimer Häfen hauptsächlich wegen der Rheinlandbesetzung zu leiden, materielle Schäden blieben gering. Im Zweiten Weltkrieg wurde allerdings der Handelshafen durch Bomben schwer getroffen. Die Einweihung des „Hauses Oberrhein“ sollte auch den Wiederaufbau symbolisch beenden. Seit dem Zweiten Weltkrieg hat ein Strukturwandel vom reinen Umschlaghafen zum Industriehafen stattgefunden.

EnBW
MANNHEIM

Der Mühlauhafen vom Rhein aus gesehen. Im *aktuellen Bild* ist ganz rechts ein Teil des Schlosses zu erkennen. Deutlich wird hier auch, wie das „Haus Oberrhein“ die Hafenanlagen vom Stadtgebiet bzw. von den daneben liegenden Verkehrsanlagen abgrenzt. In *beiden Bildern* ungefähr in der Bildmitte ist die Dachkuppel der Jesuitenkirche zu erkennen.

In der Zeit der Weimarer Republik war Mannheim nach Duisburg und Köln der drittgrößte deutsche Binnenhafen. Mit einer Fläche von über 1100 Hektar und einer Uferlänge von mehr als fünfzig Kilometern sind alle Mannheimer Hafenanlagen zusammengenommen heute sogar die größte Binnenhafenanlage Deutschlands. Mit 1996 annähernd acht Millionen Tonnen Umschlag lag der Mannheimer Hafen hinter Duisburg und Karlsruhe auf dem dritten Platz, knapp vor dem benachbarten Ludwigshafen mit etwas über 7,7 Millionen Tonnen.

Ein Teil des Rheinauhafens mit dem Großkraftwerk. Ursprünglich in den zwanziger Jahren von einer eigens von den Pfalzwerken, dem Badenwerk und der Stadt gegründeten Aktiengesellschaft angelegt, wurde das Elektrizitätswerk in mehreren Abschnitten 1955 sowie in den sechziger und siebziger Jahren wegen des erhöhten Energiebedarfs der Wohlstandsgesellschaft erweitert.
Schon seit vielen Jahrzehnten überquert an dieser Stelle auch eine Auto- und Fußgängerfähre den Rhein. Anlegepunkt am anderen Rheinufer ist das pfälzische Dorf Altrip, das auf eine römische Gründung zurückgeht und somit eine der ältesten Gemeinden der Region ist. Eine Brücke über den Rhein in der Nähe von Altrip, die in kürzerer Zeit mehr Verkehr auf die andere Uferseite bringen könnte als die Fähre, ist in den vergangenen Jahren immer wieder Streitthema in der Region gewesen, wurde aber bislang aus Umweltgründen nicht realisiert. Im Sommer 2002 mit seinen Überschwemmungskatastrophen im Osten Deutschlands wurde die Planung eines Polders zum Hochwasserschutz ebenfalls kontrovers diskutiert.

1927 ließ die Stadt am Rheinufer ein Strandbad für die gewachsene Bevölkerung errichten, um die Gesundheit der Bewohner zu fördern. Das Strandbad grenzt im Norden an ein Naturschutzgebiet, das der Stadt von ihrem Ehrenbürger Karl Reiß gestiftet worden war (heute: Reiß-Insel). Schon in den zwanziger Jahren wurden zum Schutz der Natur dort Zäune angelegt. Der Aufwand der Stadt, dic Infrastruktur des Bades für 400 000 Reichsmark zu errichten, lohnte sich: In der Sommersaison 1932 zählte man über eine halbe Million Besucher.
1949 eröffnete das Strandbad wieder, in der Zeit des Wirtschaftswunders und danach verschlechterte sich aber die Wasserqualität des Rheins derart, dass an Baden nicht mehr zu denken war. Seit umweltpolitische Maßnahmen greifen, hat sich in den letzten Jahren auch die Wasserqualität wieder verbessert.

Im Stadtteil Neuostheim befindet sich seit 1926 der Mannheimer Flughafen, der im zweiten Jahr seines Bestehens immerhin unter den zehn am häufigsten angeflogenen Lufthansa-Flughäfen war. Zu den Zielflughäfen zählten seinerzeit Stuttgart, Frankfurt, Hamburg, Berlin und Basel.
Heute werden vom „Mannheim-City Airport" aus durch eine Tochtergesellschaft der Lufthansa Berlin, Hamburg und Saarbrücken angeflogen, er spielt also in erster Linie eine Rolle für überregional agierende Wirtschaftsunternehmen. Daneben können aber auch Urlauber Westerland auf Sylt und Usedom von Mannheim aus mit dem Flugzeug erreichen. Die Anzahl der Fluggäste in Mannheim-Neuostheim ist in den vergangenen Jahren von 78 000 im Jahr 1988 auf mehr als das Doppelte, nämlich auf 191 000, im Jahr 2001 gestiegen.
Negative Schlagzeilen hat der Flughafen in den letzten Jahren durch Kritiken der Pilotenorganisation „Cockpit" gemacht, die wiederholt die schwierigen Start- und Landebedingungen bemängelt hat.

Weitere Bücher aus dem Wartberg Verlag für Ihre Region

Wolfram Martin
Der mit den Füchsen spricht ...

Günther Schumann und Feline
Eine einzigartige Freundschaft zu wild lebenden Füchsen
88 Seiten, Farbfotos
(ISBN 3-8313-1270-2)

Mit großartigen, aussagekräftigen Tieraufnahmen erzählt dieser Bildband die authentische Geschichte einer 10-jährigen, einzigartigen Freundschaft zwischen dem Naturfotografen Günther Schumann und Feline, einer wild lebenden Füchsin. Einfühlsam in Worte gefasst vom Publizisten Wolfram Martin – ein Buch, das alle echten Tier- und Naturfreunde begeistert.

Mannheim –
Ein verlorenes Stadtbild
von Christian Groh
64 S., geb., zahlr. S/w-Fotos
(ISBN 3-8313-1132-3)

Alt-Mannheim –
Auf den ersten Blick
von Christian Groh
48 S., geb., zahlr. S/w-Fotos
(ISBN 3-8313-1159-5)

Mannheim – Farbbildband
von Johannes Hahn und
Christmut Präger.
72 S., geb., zahlr. Farbfotos
(ISBN 3-86134-601-X)

Mannheim –
Auf den ersten Blick
dtsch./engl./franz.
von Johannes Hahn und
Christmut Präger,
32 S., geb., zahlr. Farbfotos
(ISBN 3-86134-609-5)

Ludwigshafen –
Farbbildband
dtsch./engl./franz.
von Johannes Hahn und
Kathrin Bräuer
72 S., geb., zahlr. Farbfotos
(ISBN 3-86134-593-5)

Ludwigshafen – Auf den
ersten Blick
dtsch./engl./franz.
von Johannes Hahn
und Kathrin Bräuer
32 S., geb., zahlr. Farbfotos
(ISBN 3-86134-608-7)

Wartberg Verlag GmbH & Co. KG
Bücher für Deutschlands Städte und Regionen

Im Wiesental 1 · 34281 Gudensberg-Gleichen · Telefon (0 56 03) 9 30 50 · Fax (0 56 03) 30 83
www.wartberg-verlag.de